www.ingramcontent.com/pod-product-compliance
Lightning Source LLC
LaVergne TN
LVHW020504230826
846091LV00008BA/3328

* 9 7 8 2 3 2 9 4 9 9 7 8 9 *

21 Novembre 1910

V

VENTE

du Lundi 21 Novembre 1910

HOTEL DROUOT — SALLE N° 10

A 2 H. 1/2 PRÉCISES

EXPOSITION PUBLIQUE

Le Dimanche 20 Novembre 1910

DE 2 H. A 6 H.

TABLEAUX MODERNES

Me ANDRÉ COUTURIER

COMMISSAIRE-PRISEUR

Successeur de Me L. TUAL

56, Rue de la Victoire, 56

M. F. MARBOUTIN

PEINTRE-EXPERT

2, Rue de Marseille, 2

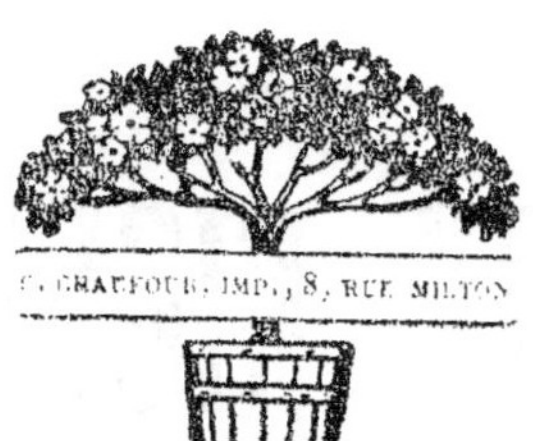
C. CHAUFOUR, IMP., 8, RUE MILTON

CATALOGUE

DES

Tableaux Modernes

PAR

Appian, E. Bastien-Lepage, Boggs
L. Boulanger, Durand-Brager, Duvieux, Français, P. Guigou
Jeannin, Lalanne, Montenard
Abel Truchet, Servin, V. Vignon, Vuillefroy, etc.

Appartenant à la Société B*** & Cie

ET DES

TABLEAUX

PAR

Auguin, H. Bellangé, Cormon, L. Fleury, Furt, Ch. Jacque
E. Lavielle, Lépine
Rapin, A. Segé, Alfred Stevens, etc.

Appartenant à Monsieur G***

DONT LA VENTE AURA LIEU

HOTEL DROUOT — SALLE N° 10

Le Lundi 21 Novembre 1910

A 2 HEURES 1/2 PRÉCISES

Me André COUTURIER
COMMISSAIRE-PRISEUR
(Successeur de Me TUAL)
56, Rue de la Victoire, 56

M. F. MARBOUTIN
PEINTRE-EXPERT
2, Rue de Marseille 2

EXPOSITION PUBLIQUE

Le Dimanche 20 Novembre 1910, de 2 heures à 6 heures

CONDITIONS DE LA VENTE

Elle sera faite au comptant.

Les acquéreurs payeront *dix pour cent* en sus des enchères.

L'exposition mettant le public à même de se rendre compte de l'état des tableaux, il ne sera admis aucune réclamation une fois l'adjudication prononcée.

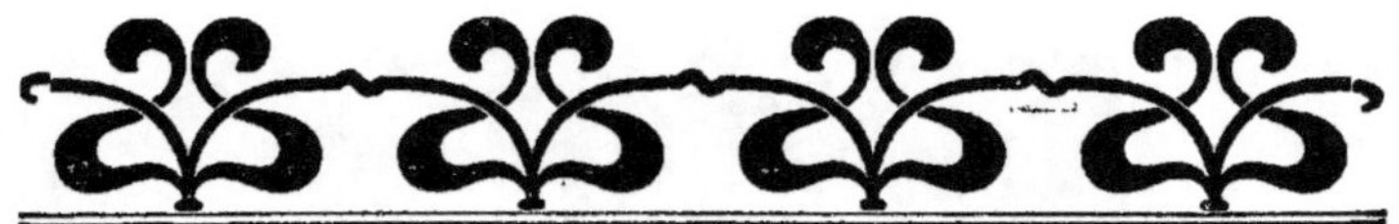

DÉSIGNATION

TABLEAUX

Appartenant à la Société B. & Cie

AUGUIN

1 — La Clairière.

Haut. : 0m50. Larg. : 0m73.

CAPPIAN

2 — Sur la plage.

Haut. : 1 m. Larg. : 1m08.

3 — Etude de paysage.

Haut. : 0m27. Larg. : 0m35.

BARTHALOT

4 — Le Cellier.

Haut. : 0m41. Larg. : 0m32.

BASTIEN-LEPAGE (E.).

5 — Les Javelles.

Haut. : 0m46. Larg. : 0m55.

BOGGS (Fr.).

6 — Trafalgar Square.

Haut. : 1m10. Larg. : 0m65.

7 — Une place à Londres.

Haut : 0m73. Larg. : 0m50.

BOULANGER (L.).

8 — La Moisson.

Haut. : 1 m. Larg. : 0m81.

9 — L'Automne.

Haut : 1 m. Larg. : 0m81.

10 — La Pêche.

Haut. : 1 m. Larg. : 0m81.

11 — La Chasse.

Haut. : 1 m. Larg. : 0m81.

BLIN (F.).

12 — Paysage en Auvergne.

Haut. : 0m35. Larg. : 0m27.

CALDÉRON

13 — Le Palais ducal à Venise.

Haut. : 0m54. Larg. : 0m81.

CARRAYON

14 — Nature morte.

Haut. : 1m10. Larg. : 0m73.

CORNELLIER

15 — Environs de Saint-Brieuc.

Haut. : 0m33. Larg : 0m 55.

COUTURIER

16-17 — Poules.

Deux études.

D'AMBEL (P.).

18 — Fleurs et cuivres.

Haut. : 0m65. Larg. : 0m54.

DAVID (F.).

19 — Bords de la Creuse.

Haut. : 0m35. Larg. : 0m27.

20 — Bruyères en fleurs.

Haut. : 0m35. Larg. : 0m27.

DELPY (H. J.).

21 — Bords de l'Oise.

Haut. : 0m38. Larg. : 0m61

22 — Soleil levant dans l'Oise.

Haut. : 0m38. Larg. : 0m61.

23 — L'Oise à Auvers.

Haut. : 0m38. Larg. : 0m61.

DUPUIS (J.).

24 — Village sur la Côte Normande.

Haut. : 1m08. Larg. : 1m45.

DURAND-BRAGER

25 — Le Naufrage.

Haut. : 0^m35. Larg. : 0^m27.

DUVIEUX

26 — Venise le soir.

Haut. : 0^m40 Larg. : 0^m65.

27 — Constantinople.

Haut. : 0^m40. Larg. : 0^m65.

28 — Effet de lune sur le Grand Canal.

Haut. : 0^m40. Larg. : 0^m65.

29 — Le Bosphore.

Haut. : 0^m40. Larg. : 0^m65.

ECOLE 1830

30 — Paysage.

Haut. : 0^m20. Larg. : 0^m29.

31 — La Mare.

Haut. : 0^m18. Larg. : 0^m39.

ÉCOLE ALLEMANDE

32 — Jeune femme.

Haut. : 0^m23. Larg. : 0^m28.

ÉCOLE FRANÇAISE

33 — Le Repos des Moissonneurs.

Haut. : 0^m24. Larg. : 0^m33.

34 — Portrait de femme.

Pastel. Haut. : 0m61. Larg. : 0m50.

35 — Jeune femme.

Pastel. Haut. 0m61. Larg. : 0m50.

FRANÇAIS

36 — Paysage en Sologne.

Haut. : 0m25. Larg. : 0m38.

37 — Soleil couchant.

Haut. : 0m23. Larg. : 0m35.

FURT (L.).

38 — Le Boulevard du Palais.

Haut. 0m49. Larg. : 0m65.

39 — Le Palais de Justice.

Haut. : 0m55. Larg. : 0m46.

40 — Avenue du Bois.

Haut. : 0m46. Larg. : 0m55.

41 — Le Boulevard Richard-Lenoir.

Haut. : 0m46. Larg. : 0m55.

GUIGOU (P.).

42 — Chemin sous bois.

Haut. : 0m46. Larg. : 0m55.

JEANNIN (G.).

43 — Œillets et Chrysanthèmes.

Larg. : 0m50. Haut. : 0m37.

LALANNE (M.).

44 — La Mare.

Haut. : 0m24. Larg. : 0m33.

LEROY (E.).

45 — La Clairière.

Haut. : 0m38. Larg. : 0m46.

MÉNARD (R.).

46 — Paysages.

(Deux pendant). Haut. : 0m22. Larg. : 0m16.

MONTENARD

47 — En Provence.

Haut. : 0m46. Larg. : 0m65.

RODS

48 — Tête d'homme.

Haut. : 0m37. Larg. : 0m25.

ROQUEPLAN (Attribué à).

49 — La Charité.

Haut. : 1m10. Larg. : 0m80.

ROTIG (F.-G.).

50 — Cerfs et Biches.

TRUCHET (Abel).

51 — La Fête de Montmartre.

Haut. : 0m82. Larg. : 0m82.

52 — La Petite marchande.

Haut. : 0m33. Larg. : 0m24.

SERVIN (E.).

53 — Un Pardon en Bretagne.

Haut. : 0m85. Larg. : 1m30.

VÉRON (A.-R.).

54 — Le Torrent.

Haut. 0m33. Larg. : 0m55.

VIGNON (V.).

55 — Ferme à Auvers.

Haut. : 0m19. Larg. : 0m27.

VOILLEMOT

56 — Idylle.

Haut. : 0m48. Larg. : 0m38.

VUILLEFROY (De)

57 — En Espagne.

Haut. : 0m46. Larg. : 0m55.

WITTMANN

58 — Fête du 14 Juillet.

Haut. 0m54. Larg. : 0m65.

59 — Le Pont-Neuf le soir.

Haut. : 0m46. Larg. : 0m55.

TABLEAUX

Appartenant à M. G...

ANDRÉ (J.).

60 — La Maison blanche.

Haut.: $0^{m}33$; Larg.: $0^{m}41$.

AUGUIN

61 — Sous bois en automne.

Haut.: $0^{m}85$; Larg.: $1^{m}05$.

BELLANGÉ (H.).

62 Wagram 1809.

Haut.: $0^{m}65$; Larg.: $0^{m}73$.

CORMON (F.).

63 — Fleurs dans un pot d'étain.

Haut.: $0^{m}81$; Larg.: $0^{m}65$.

ÉCOLE 1830

64 — Portrait de femme.

Haut.: $0^{m}92$; Larg.: $0^{m}73$.

FLEURY (L.)

65 — Campagne romaine.

Haut. : 0m33; Larg. : 0m41.

FURT (L.)

66 — L'Avenue du bois.

Haut. : 0m46 ; Larg. : 0m55.

67 — La Porte Saint-Martin.

Haut. : 0m55; Larg. : 0m46.

68 — Le Pont d'Arcole.

Haut. : 0m38; Larg. : 0m55.

69 — La Rue Royale.

Haut. : 0m55 ; Larg. : 0m46.

70 — La Rue Mouffetard.

Haut. : 0m55; Larg. : 0m38.

71 — Boulevard Montparnasse.

Haut.: 0m55; Larg. : 0m46.

72 — La Fête des Invalides.

Haut. : 0m46; Larg. : 0m55.

73 — Le Jardin du Luxembourg.

Haut.: 0m55; Larg.; 0m46.

74 — La Rue de la Gaîté.

Haut.: 0m40; Larg. : 0m55.

75 — Le Pont des Arts.

Haut. : 0^m28; Larg. : 0^m55.

76 — L'Entrée de Bullier.

Haut.: 0^m40; Larg. : 0^m55.

77 — Un Coin du Luxembourg.

Haut. : 0^m40; Larg. : 0^m55.

78 — Boulevard Richard-Lenoir. (La foire à la ferraille).

Haut.: 0^m46; Larg. : 0^m38.

79 — Saint-Germain-des-Prés.

Haut.: 0^m46; Larg. : 0^m38.

80 — Le Parvis Notre-Dame.

Haut. : 0^m40; Larg. : 0^m55.

81 — La Seine à Passy.

Haut. : 0^m38; Larg. : 0^m55.

82 — Les Saltimbanques. Boulevard Montparnasse.

Haut. : 0^m40; Larg. : 0^m55.

83 — Le Trocadéro le soir.

Haut. : 0^m46; Larg. : 0^m55.

84 — La Porte d'Orléans.

Haut. : 0^m38; Larg. : 0^m55.

85 — Fête foraine.

Haut. : 0^m38; Larg. : 0^m55.

86 — L'Avenue de Breteuil.

Haut. : 0m38; Larg. : 0m55.

87 — La Fête de Montmartre.

Haut. : 0m46; Larg. : 0m55.

88 — Les Tuileries.

Haut. : 0m46; Larg.: 0m38.

89 — Les Berges de la Seine au Pont-Neuf.

Haut. : 0m38; Larg. : 0m55.

90 — Le Pont des Arts et l'Institut.

Haut. : 0m38; Larg. : 0m55.

HEREAU (J.).

91 — La Baie de la Somme.

Haut. : 0m38; Larg. : 0m61.

JACQUE (Ch.)

92 — Bouquet de roses.

Haut. : 0m27; Larg. : 0m35.

93 — Pêches.

Haut. : 0m16; Larg.: 0m25.

LAVIEILLE (Eug.)

94 — Village en Seine-et-Marne.

Haut.: 0m33; Larg. : 0m46.

LÉPINE (S.).

95 — Bords de la Seine.

Haut. : 0m35; Larg. : 0m27.

MICHEL (Genre de)

96 — Paysage en Bourgogne.

Haut. : 0m73; Larg. : 1m03.

97 — Environs de Cassel (Nord).

Haut. : 0m73; Larg. : 1m03.

98 — Les Moulins à vent.

Haut : 0m73; Larg. : 1m03.

99 — Environs d'Arras.

Haut. : 0m73; Larg. : 1m03.

100 — Une Route près de Douai.

Haut. : 0m73; Larg. : 1m03.

101 — Vue de Dieppe.

Haut. : 0m73; Larg. : 1m03.

102 — Lisière de forêt.

Haut. : 0m73; Larg. : 1m03.

POLLAK

103 — Pâtre napolitain.

Haut. : 0m33; Larg. : 0m24.

RAPIN

104 — Crépuscule dans les Landes.

Haut. : 0m40; Larg. : 0m65.

SÉGÉ

105 — Ferme au bord de la mer.

Haut. : 0m22; Larg. : 0m33.

STEVENS (Alfred)

106 — Jeune fille.

Aquarelle. Haut. : 0m20; Larg. : 0m17.

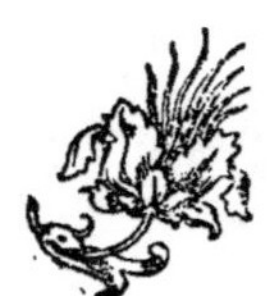

AF555461